Bernd Wehren

25 Schmuckblätter für jeden Anlass

1.–4. Klasse

Kopiervorlagen

Gedruckt auf umweltbewusst gefertigtem, chlorfrei gebleichtem
und alterungsbeständigem Papier.

1. Auflage 2010
Nach den seit 2006 amtlich gültigen Regelungen der deutschen Rechtschreibung
© by Brigg Pädagogik Verlag GmbH, Augsburg
Alle Rechte vorbehalten.
Das Werk und seine Teile sind urheberrechtlich geschützt. Jede Nutzung in anderen als den
gesetzlich zugelassenen Fällen bedarf der vorherigen schriftlichen Einwilligung des Verlages.
Hinweis zu § 52a UrhG: Weder das Werk noch seine Teile dürfen ohne eine solche Einwilligung
eingescannt und in ein Netzwerk eingestellt werden. Dies gilt auch für Intranets von Schulen
und sonstigen Bildungseinrichtungen.
Illustrationen: Walter Uihlein

ISBN 978-3-87101-**549**-6   www.brigg-paedagogik.de

Inhaltsverzeichnis

Einleitung 4

Materialien zur Unterstützung der Schüler

Schreibtipp-Kärtchen 5

Schriftartenvorlage für eine schöne Schrift 7

Blanko-Schmuckblatt 8

Schmuckblatt-Urkunde zur Belohnung 9

25 Schmuckblätter von A-Z

Alphabet 10

Ausflug und Klassenfahrt 11

Bauernhof und Haustiere 12

Blumen und Pflanzen 13

Brief und Postkarte 14

Detektive 15

Einladung 16

Einschulung 17

Ferien und Urlaub 18

Frühling 19

Geburtstag 20

Halloween 21

Herbst 22

Karneval und Fasching 23

Märchen 24

Muttertag 25

Nikolaus 26

Ostern 27

Piraten 28

Ritter und Mittelalter 29

Schule und Sportfest 30

Sommer 31

Weihnachten 32

Winter 33

Zoo und wilde Tiere 34

Kennen Sie das auch? Einige Kinder schreiben so gerne, dass man sie gar nicht bremsen kann, aber viele jammern schon im Vorfeld, wenn sie einen neuen „Aufsatz" befürchten. Die Texte, die dann entstehen, sind oft unstrukturiert und kaum mehr leserlich.

Die Schmuckblätter in diesem Buch motivieren alle Kinder, originelle und leserliche Texte zu schreiben. So entstehen interessante Geschichten (z. B. über die gerade erlebte Klassenfahrt), sinnvolle Sachtexte (Leben im Mittelalter) oder originelle Gedichte (Elfchen zum Frühling).

Dieses Buch enthält zwei Teile.

Teil 1: Materialien zur Unterstützung der Schüler

Die vorliegenden Materialien können Sie je nach Bedarf und den Gegebenheiten in Ihrer Klasse verwenden. Vor allem für ältere Grundschüler sind die **Schreibtipp-Kärtchen** eine Hilfe, um sich noch einmal bereits Gelerntes selbstständig in Erinnerung zu holen und sich bewusst zu werden, wie ein Text aufgebaut sein kann. Die Kärtchen können (evtl. auch vergrößert) auf buntes Papier kopiert und laminiert oder auch als kleines Büchlein zusammengeheftet werden. Mit den jüngeren Schülern bietet es sich an, die Tipps gemeinsam zu besprechen. Die **Schriftartenvorlage** macht die Schüler einerseits auf eine formtreue Schönschrift aufmerksam und enthält andererseits Ideen für kreative Schmuckschriften. Auch hier entscheiden Sie, wie viel Sie Ihren Schülern anbieten! Mithilfe der **Blankovorlage** können erfahrene Schmuckblattschreiber ihren eigenen Rahmen gestalten. Fleißige Schüler freuen sich über die schöne **Urkunde**.

Teil 2: Schmuckblätter von A–Z

Bei der Vielzahl der kindgerechten Themen ist bestimmt für jeden Schüler etwas dabei. Die Jahreszeiten und die Feiertage (z. B. Weihnachten, Ostern) eignen sich für kleine Geschichten, Wunschzettel oder auch zum Abschreiben und Selbsterfinden von Gedichten. Die Sachthemen können passend zum Sachunterricht eingesetzt werden oder den Kindern in der Freiarbeit bzw. im freien Schreiben als Ideenpool zur Verfügung stehen. Auch als Geschenk (Muttertag!) oder als Briefpapier – beispielsweise für Einladungen – bieten sich die Blätter an.
Die Kinder schreiben ihre Texte auf die einfachen Linien in der Mitte des Schmuckblattes. Falls Sie jüngeren Schülern eine andere Lineatur anbieten wollen, können Sie diese aber auch einfach aus einem Schülerheft ausschneiden und beim Kopieren über die Linien legen.
Im Rahmen der Schmuckblätter sind viele inspirierende Mini-Bilder, die die Kinder bunt ausmalen dürfen. Dabei kommen sie zur Ruhe und auf zahlreiche Schreibideen. Gleichzeitig können sie unter die Bildchen oder auf ein eigenes Blatt passende Stichwörter schreiben, die sie anschließend zum Verfassen ihrer Texte benutzen. Mithilfe der Schreibtipp-Kärtchen (siehe oben) gelingt es den Kindern, planvolle Texte zu entwerfen und diese anschließend zu überarbeiten. Oder die Kinder schreiben frei drauf los, aber dennoch in formklarer und leserlicher Schrift. Die Schülerarbeiten können Sie aufhängen oder zu einem farbenfrohen Buch zusammenheften. Oder die Kinder kleben sie in ihr Geschichtenheft ein oder erfreuen vielleicht die Oma mit einem schönen Herbsttext …

Helfen Sie Ihren Schülern, ausführlicher, interessanter und schöner zu schreiben!
Machen Sie aus Ihren Kindern kreative Schreibkünstler mithilfe dieser Schmuckblätter für jeden Anlass!

Viel Schreibspaß wünscht Ihnen und Ihren Schülern

Bernd Wehren

Schreibtipp-Kärtchen

Schmuckblatt-Texte planen

1. Lege diese Dinge auf deinen Tisch: Bleistift, Radiergummi, Buntstifte, dein Schmuckblatt und ein Schmierblatt.
2. Schau dir die Mini-Bilder im Schmuckrahmen an. Male sie an.
3. Erzähle, was du im Schmuckrahmen siehst.
4. Schreibe Stichwörter unter oder neben die Mini-Bilder oder auf ein Schmierblatt.
5. Schreibe Nummern neben einige Mini-Bilder, die du in deinem Text verwenden willst. So kannst du die Reihenfolge festlegen, in der sie in deinem Text vorkommen sollen.
6. Erzähle deinen Text deinen Mitschülern. Wenn ihr die Geschichte nachspielt, kommt ihr vielleicht auf weitere lustige oder spannende Ideen.
7. Wähle die Zeitform für deinen Text und bleibe dann in dieser Zeitform:
   - Gegenwart: ich gehe, du schreibst, er lacht, wir tanzen, ihr spielt, sie schwimmen
   - Vergangenheit: ich ging, du schriebst, er lachte, wir tanzten, ihr spieltet, sie schwammen

Schmuckblatt-Texte schreiben

1. Schreibe mit Bleistift, damit du schnell und sauber verbessern kannst.
2. Achte bei deinem Text auf einen sinnvollen und verständlichen Aufbau. Schreibe zunächst eine passende Überschrift.

Bei einer Geschichte
- Einleitung: Nenne den Ort, die Zeit und weitere wichtige Dinge.
- Hauptteil: Schreibe deine Geschichte bis zum Höhepunkt immer spannender, lustiger oder interessanter. Beschreibe Gefühle, Gedanken und Handlungen der Personen genau.
- Schluss: Achte auf einen passenden, interessanten und kurzen Schluss.

Bei einem Sachtext
- Schreibe kurz, knapp und genau.
- Schreibe **nicht** über Gefühle und Gedanken.
- Beantworte die W-Fragen (Wann? Wo? Wer? Was? Wie? Warum? Welche Folgen?).

3. Achte während des Schreibens immer auf eine leserliche Schrift, unterschiedliche Satzanfänge und Wörter, die Verständlichkeit und die richtige Reihenfolge.

Schmuckblatt-Gedichte schreiben

Ein Gedicht abschreiben

1. Schreibe besonders ordentlich.
2. Schreibe die Überschrift oben in die Mitte und lasse danach eine Zeile frei.
3. Schreibe Zeile für Zeile genau ab und lasse nach jeder Strophe eine Zeile frei.
4. Schreibe den Autor unter das Gedicht.

Selbst dichten

Ein *Elfchen* besteht aus 11 Wörtern.
Das Gedicht hat einen Bauplan.

1. Zeile:	1 Wort	Blau
2. Zeile:	2 Wörter	Das Meer
3. Zeile:	3 Wörter	Die Wellen rauschen
4. Zeile:	4 Wörter	Ich liege am Strand
5. Zeile:	1 Wort	Urlaub

Bei einem *Akrostichon* wird ein Wort untereinander geschrieben und mit jedem Anfangsbuchstaben wieder ein neues Wort oder ein ganzer Satz gebildet.

Wanderer
Ameisenhaufen
Laubbäume
Dachsbau

Schmuckblatt-Texte verbessern

1. Lies den Text deinen Mitschülern langsam und laut vor.
   - Haben die anderen Kinder alles verstanden?
   - Fehlt etwas?
   - Ist deine Geschichte interessant und lebendig?
   - Ist dein Sachtext sachlich?
   - Ist dein Gedicht stimmungsvoll?
2. Passt dein Text zum Schmuckrahmen?
3. Hast du auf einen sinnvollen und verständlichen Aufbau geachtet (z. B. Einleitung, Hauptteil und Schluss)?
4. Prüfe dies:
   - Hast du verschiedene Satzanfänge und Wörter verwendet?
   - Kommen keine unnötigen Füllwörter vor (z. B. also)?
   - Hast du wörtliche Rede mit passenden Begleitsätzen benutzt?
   - Hältst du die Zeitform ein?
5. Hast du Rechtschreibfehler gemacht? Lies noch einmal alles in Ruhe durch. Denke an die Regeln, die du schon kennst. Schlage im Wörterbuch nach. Verbessere.
6. Ist deine Schrift sauber und leserlich? Können deine Mitschüler den Text auch lesen?

Originelle Schreibideen finden

1. Schreibe und male viele kleine Schreibideen, die zu deinem Schmuckblatt passen. Deine Schreibideen sollten lustig, spannend, gruselig, interessant ... sein.
2. Denke nach, ob du den Hauptteil deiner Geschichte noch ausführlicher beschreiben könntest. Vergrößere die Spannung, indem du genau und langsam beschreibst. Schreibe origineller, indem etwas Überraschendes und Unerwartetes passiert.
3. Beschreibe, was die Personen in deiner Geschichte sehen, riechen, fühlen, hören und schmecken. Was würdest du empfinden?
4. Achte darauf, dass deine originellen Schreibideen zum gesamten Text passen, also logisch und glaubwürdig sind.

Theater spielen

1. Spiele mit deinen Mitschülern deine Geschichte nach. Sprecht dabei und spielt wie richtige Schauspieler. So sammelst du weitere Ideen für deinen Text.
2. Benutzt Kostüme, Requisiten, Masken usw.
3. Besprecht, was man verbessern könnte. Spielt danach noch einmal.

Abwechslungsreich schreiben

Satzanfänge

Für eine Geschichte: Gestern, heute Morgen, übermorgen, nächste Woche, bald, da, dann, darauf, plötzlich, sofort, auf einmal, im nächsten Augenblick ...

Für einen Sachtext: Am Anfang, zuerst, darauf, danach, deshalb, dann, jetzt, nun, obwohl, nachdem, weil, dennoch, schließlich, indem, wegen, zuletzt ...

Adjektive (Wiewörter)

Gegenteile: alt-jung, nett-böse, reich-arm, dick-dünn, dumm-klug, ängstlich-mutig, schön-hässlich, laut-leise, süß-sauer, hell-dunkel ...

Zusammengesetzte Adjektive: stockfinster, kreidebleich, rabenschwarz, himmelblau, riesengroß, eiskalt ...

Interessante Ausdrücke

starr vor Schreck sein, eine Gänsehaut bekommen, vor Freude in die Luft springen, sich vor Lachen biegen, aus dem Staunen nicht mehr herauskommen ...

Satzzeichen

1. Nach einem Aussagesatz steht ein Punkt: .
Max und Lea spielen Fußball.
2. Nach einer Frage steht ein Fragezeichen: ?
Was spielen Max und Lea?
3. Nach einem Ausruf oder Befehl steht ein Ausrufezeichen: !
„Los! Schieß ins Tor!", ruft Max Lea zu.
4. Bei Aufzählungen und vor vielen Bindewörtern (weil, nachdem, bevor, obwohl ...) stehen Kommas: ,
Max, Lea, Tom und Ina spielen Fußball, weil es Spaß macht.

Wörtliche Rede

Mit vorangestelltem Begleitsatz

Lea sagt: „Ich kann schreiben."
Ben fragt: „Kannst du schreiben?"
Tom ruft: „Ich kann schreiben!"

Mit nachgestelltem Begleitsatz

„Ich kann schreiben", sagt Lea.
„Kannst du schreiben?", fragt Ben.
„Ich kann schreiben!", ruft Tom.

Wortfelder

gehen: eilen, bummeln, flitzen, flüchten, laufen, rennen, schlendern, schleichen, sausen, trödeln, stapfen, springen, rasen, stürmen ...

sehen: beobachten, betrachten, starren, schauen, gucken, entdecken, besichtigen, glotzen, gaffen, spähen, blicken, erkennen ...

sprechen: reden, quasseln, rufen, schreien, brüllen, meinen, flüstern, sagen, befehlen, fragen, sich erkundigen, interviewen, entgegnen, erwidern, antworten ...

machen: tun, durchführen, planen, unternehmen, herstellen, gestalten, veranstalten, erledigen ...

streiten: zanken, sich verkrachen, sich in die Haare kriegen, aneinandergeraten, sich ärgern, sich zoffen, sich prügeln, sich anmeckern ...

lachen: kichern, schmunzeln, grinsen, jubeln, sich freuen, jauchzen, vergnügt sein, ausgelassen sein, glücklich sein ...

weinen: heulen, jammern, wimmern, schluchzen, klagen ...

essen: genießen, mampfen, kauen, schmatzen, futtern, fressen, trinken, schlucken, saufen ...

Schriftartenvorlage für eine schöne Schrift

ABCDEFGHIJKLMNOPQRSTUVWXYZ
abcdefghijklmnopqrstuvwxyz ß (VA)

ABCDEFGHIJKLMNOPQRSTUVWXYZ
abcdefghijklmnopqrstuvwxyz ß (LA)

ABCDEFGHIJKLMNOPQRSTUVWXYZ
abcdefghijklmnopqrstuvwxyz ß (SAS)

ABCDEFGHIJKLMNOPQRSTUVWXYZ
abcdefghijklmnopqrstuvwxyz ß (Druckschrift)

ABCDEFGHIJKLMNOPQRSTUVWXYZ
abcdefghijklmnopqrstuvwxyz ß (Zierschrift)

ABCDEFGHIJKLMNOPQRSTUVWXYZ
abcdefghijklmnopqrstuvwxyz ß (Zierschrift)

Blanko-Schmuckblatt

Schmuckblatt-Urkunde

für

_____

Du kannst schöne Rahmen gestalten
und tolle Texte schreiben.

Du kannst stolz auf dich sein.
Prima!

_____
Datum, Unterschrift

Alphabet

 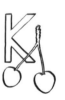

Ausflug und Klassenfahrt

Bauernhof und Haustiere

Blumen und Pflanzen

Brief und Postkarte

Detektive

Einladung

Einschulung 17

Ferien und Urlaub

Frühling

19

20 **Geburtstag**

Halloween

Herbst

Karneval und Fasching

Märchen

Muttertag

25

Nikolaus

Ostern

Piraten

Ritter und Mittelalter

Schule und Sportfest

Sommer

31

Weihnachten

Winter

33

Zoo und wilde Tiere

Der neue Pädagogik-Fachverlag für Lehrer/-innen
Kreative Materialien für Ihren Deutschunterricht!

Franz Xaver Riedl / Alfons Schweiggert

Bilder lesen, Texte schreiben
Bildergeschichten zum kreativen Schreiben

1./2. Klasse	3./4. Klasse
96 S., DIN A4,	88 S., DIN A4,
Best.-Nr. 353	**Best.-Nr. 265**

Vom genauen Betrachten zur **kreativen Schreibleistung**! Das Lesen von Bildern und Fotos regt die Kinder zur Selbsttätigkeit an und schult die Fähigkeit des sicheren Beurteilens bereits ab der 1. Klasse.
Die Arbeitsblätter wecken die Erzähllust und lassen in Einzel-, Gruppenarbeit oder im Klassenverband individuelle Schreibideen entstehen. Die Themen sind kindgerecht und je nach individuellem Leistungsstand unabhängig einsetzbar.

Rainer Pfaffendorf (Hrsg.)
Renate Appel / Anne I. Wackerl

Mit Fantasie kreativ zur Schrift
Kunstprojekt für Vorschule und Anfangsunterricht zur Vorbereitung des Schreibens

Buch mit Audio-CD	Malblock mit Spurvorlagen
48 S., DIN A4, farbig	21 Blätter,
mit Kopiervorlagen	DIN A3, Querformat
Best.-Nr. 395	**Best.-Nr. 396**

Kinder durch Fantasiereisen und künstlerisches Gestalten an Formelemente der Schrift heranführen! Dieser Band bereitet Kinder ab 5 Jahren in **19 Unterrichtseinheiten mit dazu passender Musik** ganzheitlich und erlebnisorientiert auf das Erlernen des Schreibens vor.
Der zusätzlich erhältliche **Malblock** für Kinder bietet die passenden Spurvorlagen zu den verwendeten Bildmotiven.

Weitere Infos, Leseproben und Inhaltsverzeichnisse unter
www.brigg-paedagogik.de

Bestellcoupon

Ja, bitte senden Sie mir / uns mit Rechnung

____ Expl. Best.-Nr. _____
____ Expl. Best.-Nr. _____
____ Expl. Best.-Nr. _____
____ Expl. Best.-Nr. _____

Meine Anschrift lautet:

Name / Vorname

Straße

PLZ / Ort

E-Mail

Datum/Unterschrift   Telefon (für Rückfragen)

Bitte kopieren und einsenden/faxen an:

**Brigg Pädagogik Verlag GmbH
zu Hd. Herrn Franz-Josef Büchler
Zusamstr. 5
86165 Augsburg**

☐ Ja, bitte schicken Sie mir Ihren Gesamtkatalog zu.

Bequem bestellen per Telefon / Fax:
Tel.: 0821 / 45 54 94-17
Fax: 0821 / 45 54 94-19
Online: www.brigg-paedagogik.de

Der neue Pädagogik-Fachverlag für Lehrer/-innen
Neue Kopiervorlagen für Ihren Leseunterricht!

Almuth Bartl

Leserätsel

Mit Rudi Karotti lesen üben

Kopiervorlagen

1./2. Klasse

52 S., DIN A4,
Best.-Nr. 288

2./3. Klasse

52 S., DIN A4,
Best.-Nr. 289

Leserätsel, die zum Lesen verführen!
Diese Bände enthalten eine Fülle an **abwechslungsreichen Leserätseln** für Leseanfänger und Leseprofis. Trainiert wird neben dem Lesen von einzelnen Wörtern, kurzen Sätzen und kleinen Texten auch der Umgang mit anspruchsvolleren Texten: Die Kinder spuren versteckte Wörter nach, lösen Bilder-, Silben- und Gitterrätsel, spüren Begriffe auf, die nicht in eine logische Reihe passen, finden Unsinnssätze heraus, entziffern Botschaften in Geheimsprache, ordnen Texten Bilder zu und umgekehrt, lüften Rudis Computer-Geheimnis, vervollständigen Bilder nach Vorgabe, machen Bekanntschaft mit dem Tyrannosaurus Rex und vieles mehr.
Geeignet für Einzel- und Partnerarbeit. Ideal auch für die Freiarbeit und den differenzierten Unterricht.

Astrid Hoffart

Astrid Lindgren und Ronja Räubertochter

Erfrischend neue Ideen und Materialien zu Astrid und Ronja

160 S., DIN A4,
Kopiervorlagen mit Lösungen
Best.-Nr. 431

Ein kreatives Ideenfeuerwerk mit **handlungs- und produktionsorientierten Ideen und Materialien** zu Astrid Lindgrens Kindheit und ihrem Buch „Ronja Räubertochter"! Ausgehend von Astrid Lindgren selbst teilt sich das Buch in zwei Bereiche: einen biografischen Teil mit der Kindheit der Autorin und einen literarischen Teil zu Lindgrens Roman „Ronja Räubertochter". Mit einführenden und vertiefenden Stunden sowie Schatzkisten, in denen **zusätzliches Material** bereitgestellt wird.

Monika Nowicki

Texte und Arbeitsblätter für eine gezielte Leseförderung

Für Spürnasen und Träumer, Spitzbuben und Streuner

4. Klasse

116 S., DIN A4,
Kopiervorlagen mit Lösungen
Best.-Nr. 447

Der Band bietet **12 neue, zeitgemäße** und **spannende Texte** für den Leseunterricht der 4. Klasse. Das Übungsmaterial motiviert die Kinder durch seinen spielerisch-herausfordernden Charakter und ermöglicht Ihnen eine differenzierte Förderung verschiedener Lesetechniken.
Die **Lösungsblätter** am Ende jeder Sequenz dienen zur Selbstkontrolle und erleichtern Ihnen die Unterrichtsvorbereitung.

Bestellcoupon

Ja, bitte senden Sie mir / uns mit Rechnung

_____ Expl. Best.-Nr. _____

_____ Expl. Best.-Nr. _____

_____ Expl. Best.-Nr. _____

_____ Expl. Best.-Nr. _____

Meine Anschrift lautet:

Name / Vorname

Straße

PLZ / Ort

E-Mail

Datum/Unterschrift   Telefon (für Rückfragen)

Bitte kopieren und einsenden/faxen an:

**Brigg Pädagogik Verlag GmbH
zu Hd. Herrn Franz-Josef Büchler
Zusamstr. 5
86165 Augsburg**

☐ Ja, bitte schicken Sie mir Ihren Gesamtkatalog zu.

Bequem bestellen per Telefon/Fax:
Tel.: 0821 / 45 54 94-17
Fax: 0821 / 45 54 94-19
Online: www.brigg-paedagogik.de